Orando a Palavra

para mulheres

Direção Geral
Adriel Ribeiro Penkal

Coordenador Editorial
Cristiano Braz Jorgini
Giovanna Felipe

Edição
Silas N. Silva

Revisão
Laura Burgos

Projeto Gráfico
Hendrick Ventura

Diagramação
Hendrick Ventura

Capa
Hendrick Ventura

Dados Internacionais de Catalogação na Publicação (CIP)
(Câmara Brasileira do Livro, SP, Brasil)

Robins, Marta
Orando a Palavra para mulheres / Marta Robins. -- Londrina, PR : Livrarias Família Cristã, 2025.

ISBN 978-65-277-0257-3

1. Literatura devocional 2. Mulheres - Aspectos religiosos - Cristianismo 3. Oração - Cristianismo I. Título.

25-248124 CDD-242

Índices para catálogo sistemático:

1. Literatura devocional : Cristianismo 242

Eliete Marques da Silva - Bibliotecária - CRB-8/9380

R. Antônio Sabino, 203 - Parque Industrial - Ibiporã - PR
www.livrariasfamiliacrista.com.br

Orando a Palavra para mulheres

Sumário

Identidade em Cristo: Quem Deus diz que você é 8

Oração pela vida conjugal: Amor, respeito e unidade 11

Orando pelo futuro: Confiando nos planos de Deus 14

Coração de serva: Orando por humildade e obediência 17

Paz em meio ao caos: Orando contra a ansiedade 20

Mulheres de fé: Inspirando-se em Sara, Ana e Ester 23

Orando por sabedoria no lar e na família 26

Força em tempos de fraqueza: Buscando renovação espiritual.. 29

Orando pela proteção dos filhos 32

Mulher virtuosa: Uma vida de propósito e excelência 35

Orando por relacionamentos saudáveis e amizades verdadeiras....38

Esperança em meio à espera: Confiando no tempo de Deus........... 41

Clamor por cura: Corpo, mente e espírito...............................44

Intercessão por mulheres que sofrem perseguição ou injustiça... 47

Oração pelo perdão: Libertando-se de mágoas e ressentimentos .. 50

Orando por força nos desafios do trabalho e estudos 53

Cuidando do templo do Espírito Santo: Saúde e bem-estar....... 56

Gratidão em todas as coisas: Cultivando um coração agradecido ...59

Orando por direção e decisões sábias 62

Clamor por justiça: Intercedendo por causas femininas........... 65

Orando pela unidade entre mulheres na igreja 68
Esperança em Deus durante temporadas de infertilidade 71
Orando contra o medo e a insegurança 74
Orando por alegria em meio às lutas diárias 77
A mulher que confia no Senhor não se abala 80
Intercedendo pela salvação de entes queridos 83
Orando por restaurar o amor-próprio em Deus 86
Orando por perseverança em meio à adversidade 89
Lidando com a culpabilidade 92
Mulheres fortes em Deus: Inspirando-se em Débora e Jael 95
Clamor por avivamento pessoal e comunitário 98
Orando pela restauração de relacionamentos quebrados 101
Orando em meio ao luto e à dor 104
Oração por um espírito manso e tranquilo 107
Orando por mulheres líderes e mentoras espirituais 110
Oração de confiança em tempos de mudança 113
Intercedendo pelas mulheres em situação de vulnerabilidade ... 116
Orando para ser luz em um mundo escuro 119
Oração por contentamento 122
A mulher que persevera em oração transforma o mundo 125

INTRODUÇÃO

O que torna a caminhada de uma mulher com Deus única? Seria a força para enfrentar os desafios diários, a capacidade de cuidar dos outros ou a habilidade de equilibrar tantas responsabilidades? Embora esses sejam aspectos importantes, o que realmente transforma e fortalece uma mulher é o seu relacionamento com Deus, construído e sustentado pela oração. A oração é o momento em que o coração humano se encontra com o coração de Deus, onde medos são dissipados, forças renovadas e propósitos revelados. É na quietude da presença de Deus que descobrimos nossa verdadeira identidade e encontramos direção para viver de acordo com sua vontade.

Este devocional foi projetado para acompanhar mulheres em uma jornada espiritual de quarenta dias, trazendo à tona a beleza, a profundidade e o poder da oração. Cada devocional apresenta uma reflexão baseada na Palavra de Deus, seguidas de orações sinceras e desafios práticos que visam conectar o divino ao cotidiano. Os temas abordam questões reais e universais, como ansiedade, identidade, relacionamentos e propósito, mostrando que a Palavra de Deus é viva e eficaz, capaz de transformar cada área da nossa vida.

Este livro é um convite para você crescer em intimidade com Deus, aprender a confiar nele em cada situação e experimentar o poder transformador de uma vida de oração. Não importa onde você esteja em sua caminhada espiritual, há sempre algo novo a descobrir sobre o coração do Pai e o plano perfeito que ele tem para você. Que, ao longo desses quarenta dias, seu coração se transforme em solo fértil, permitindo que a Palavra de Deus floresça. Que a oração se torne não apenas um hábito, mas um estilo de vida que traz paz, coragem e renovação. Prepare-se para viver uma experiência que transformará sua relação com Deus e fortalecerá sua fé de forma poderosa e duradoura.

Dia 1

Identidade em Cristo: Quem Deus diz que você é

Porque somos criação de Deus realizada em Cristo Jesus para fazermos boas obras, as quais Deus preparou antes para nós as praticarmos.

Efésios 2:10

Em um mundo onde vozes competem para definir quem somos, a voz de Deus precisa ser a mais alta em nossos corações. Em Efésios 2:10, a Bíblia declara que somos obra-prima de Deus, criadas em Cristo Jesus para realizar boas obras, preparadas desde antes da criação. Isso nos lembra que nossa verdadeira identidade não está em rótulos humanos, mas na verdade eterna do Criador. Entretanto, frequentemente enfrentamos sentimentos de inadequação, carregando pesos que não foram colocados por Deus. Ele nos chama de amadas, escolhidas e feitas à imagem dele, desafiando-nos a rejeitar as mentiras do mundo. Assim como o oleiro molda o barro, Deus nos molda segundo o seu propósito, e nossa confiança vem da certeza de que ele não comete erros. Conhecer essa verdade liberta nossos corações das expectativas alheias e nos dá segurança para viver conforme o plano do Senhor. Quando vivemos como quem realmente somos – filhas do Rei – deixamos de buscar validação em coisas passageiras e nos ancoramos em sua Palavra. Por meio da oração, podemos renovar nossas mentes e alinhar nossos pensamentos à visão do Pai. Essa perspectiva transforma como nos vemos e nos capacita a enfrentar os desafios com coragem e confiança. Deus nos chamou pelo nome, nos deu valor eterno e nos sustenta com amor imutável. Vivamos, então, essa identidade com alegria e gratidão, sabendo que somos profundamente amadas e habilitadas para refletir a glória dele em tudo o que fazemos.

Oração

Senhor, ajuda-me a viver como tua filha, enxergando-me como tu me vês. Remove toda mentira que tenta me definir e substitua-a pela tua verdade. Ensina-me a viver com confiança no teu amor imutável. Em nome de Jesus, amém.

Desafio prático

Anote cinco qualidades que Deus declara sobre você na Bíblia e reserve um momento para refletir sobre elas. Em seguida, ore, agradecendo a Deus por cada uma dessas características e peça que ele fortaleça sua confiança em quem você é nele.

Dia 2

Oração pela vida conjugal: Amor, respeito e unidade

Portanto, cada um de vocês também ame a sua mulher como a si mesmo, e a mulher trate o marido com todo o respeito.

Efésios 5:33

Relacionamentos nunca são perfeitos, mas quando colocamos Deus no centro do casamento, a dinâmica muda completamente. Efésios 5:33 nos ensina que o amor e o respeito são essenciais para manter a chama viva e a relação saudável. No dia a dia, é fácil sermos engolidas pelas responsabilidades, deixando a comunicação e o cuidado com o outro em segundo plano. Pequenas frustrações não resolvidas podem se transformar em barreiras que afastam os corações. Por isso, a oração é nossa grande aliada. Quando oramos pelo nosso casamento, convidamos Deus a ser o elo que une e restaura. A oração nos ensina a sermos mais pacientes e a olhar para nosso cônjuge com os olhos de Cristo, compreendendo suas falhas e lutas. Além disso, ela nos ajuda a ajustar nossas próprias atitudes, eliminando palavras e ações que possam ferir. Não precisamos carregar sozinhas o peso das dificuldades; Deus está pronto para intervir e trazer renovação. Ele nos ensina a servir com amor genuíno, a respeitar sem reservas e a construir um lar que reflita sua glória. Quando entregamos nosso relacionamento a ele, o casamento deixa de ser apenas um compromisso e se torna uma parceria divina, um espaço de crescimento, aprendizado e bênçãos. Por isso, não desista de interceder pelo seu casamento. Mesmo nos dias difíceis, a graça de Deus é suficiente para transformar o impossível em milagre e fortalecer os laços de amor e união.

Oração

Senhor, toma o controle do meu casamento e renova o amor entre nós. Ensina-nos a respeitar e cuidar um do outro, fortalecendo nossa união em ti. Que nosso lar seja reflexo da tua presença e paz. Em nome de Jesus, amém.

Desafio prático

Escreva uma carta de gratidão ao seu cônjuge, destacando suas qualidades e o quanto ele é especial. Entregue a carta e, juntos, ore agradecendo a Deus pelo seu casamento.

Dia 3

Orando pelo futuro: Confiando nos planos de Deus

Porque sou eu que conheço os planos que tenho para vocês, diz o Senhor, planos de fazê-los prosperar e não de lhes causar dano, planos de dar-lhes esperança e um futuro.

Jeremias 29:11

Como mulheres, é natural nos preocuparmos com o futuro. Queremos segurança para a família, estabilidade no trabalho e a realização de nossos sonhos. Mas, muitas vezes, o desconhecido nos assusta, e a ansiedade tenta dominar nossos pensamentos. Em Jeremias 29:11, Deus nos faz uma promessa: ele tem planos de paz e não de mal, para nos conceder um futuro cheio de esperança. Essa verdade é um alicerce sólido para os dias incertos. O futuro pode ser uma incógnita para nós, mas, para Deus, já está perfeitamente traçado. Ele conhece cada passo que daremos, cada porta que se abrirá e cada desafio que enfrentaremos. Confiar no Senhor, porém, exige um coração rendido. Quando as coisas não acontecem como planejamos ou as portas parecem fechar, é fácil sentir que estamos sozinhas. Mas Deus nos lembra que ele é fiel e nos guia com sua mão poderosa.

A oração é a ponte que conecta nosso coração ao plano de Deus. Por meio dela, entregamos nossos anseios, medos e esperanças, sabendo que o Senhor ouve e age. Orar pelo futuro é um exercício de fé, uma forma de dizer: "Deus, eu confio que teus caminhos são melhores que os meus". Ele nos convida a lançar sobre ele toda ansiedade, porque ele cuida de nós (1 Pedro 5:7). Mesmo que o caminho pareça nebuloso, Deus ilumina nossos passos e nos fortalece.

A entrega não significa passividade, mas uma postura de confiança. Quando colocamos Deus no controle, ele nos dá coragem para seguir em frente. Cada dia é uma oportunidade de viver essa confiança, sabendo que o Senhor está à frente, preparando tudo para o nosso bem. Podemos descansar na certeza de que ele nunca nos abandonará. Sua graça é suficiente, e seu amor é imutável. Por isso, pare de carregar sozinha os pesos do amanhã. Confie, ore e permita que Deus conduza sua vida.

Oração

Pai amado, coloco meu futuro em tuas mãos. Acalma meu coração e ajuda-me a confiar em teus planos, mesmo quando não entendo o caminho. Guia-me com tua sabedoria e renova minha esperança a cada dia. Em nome de Jesus, amém.

Desafio prático

Anote seus maiores medos e planos em um caderno. Ao lado de cada item, escreva uma oração entregando esses pontos a Deus e reafirme sua confiança nele diariamente.

Dia 4

Coração de serva: Orando por humildade e obediência

Nada façam por ambição egoísta ou por vaidade, mas humildemente considerem os outros superiores a si mesmos. Cada um cuide, não somente dos seus interesses, mas também dos interesses dos outros.

Filipenses 2:3-4

Humildade e obediência são virtudes que muitas vezes desafiam o coração humano, especialmente em um mundo que valoriza a autopromoção e a independência. Filipenses 2:3-4 nos lembra: "Nada façam por ambição egoísta ou vaidade, mas, humildemente, considerem os outros superiores a si mesmos". Como mulheres, enfrentamos desafios diários que testam nosso caráter e exigem um coração servo. Ser humilde não significa ter uma visão inferior de si mesma, mas sim pensar mais nos outros, priorizando suas necessidades sem perder a própria identidade. Isso só é possível quando nosso coração está submisso a Deus. A obediência, por sua vez, é a expressão prática dessa humildade.

Jesus é o maior exemplo de um coração servo. Ele lavou os pés dos discípulos e entregou sua vida por nós, demonstrando que a verdadeira grandeza está em servir. No entanto, cultivar esse coração exige intencionalidade. A oração nos ajuda a reconhecer nossas falhas, pedindo a Deus que remova o orgulho e nos ensine a caminhar em humildade. Um coração servo é aquele que busca agradar ao Senhor em tudo, seja nas pequenas ações do cotidiano ou em grandes decisões. Quando vivemos dessa forma, experimentamos a alegria de cumprir o propósito de Deus, que é amar e servir. Obedecer a Deus não é um fardo, mas uma oportunidade de refletir seu caráter em nossas vidas. A humildade abre portas para relacionamentos saudáveis, e a obediência traz paz, porque sabemos que estamos alinhadas com a vontade do Pai. Portanto, ore para que Deus molde seu coração e o torne cada vez mais semelhante ao dele.

Oração

Pai, molda meu coração para que eu viva com humildade e obediência. Ajuda-me a servir com alegria e a refletir teu caráter em cada atitude. Ensina-me a colocar tua vontade acima das minhas. Em nome de Jesus, amém.

Desafio prático

Escolha alguém para servir de forma especial hoje, seja ajudando em uma tarefa, ouvindo com atenção ou oferecendo apoio. Ore por essa pessoa e peça a Deus que abençoe sua vida.

Dia 5

Paz em meio ao caos: Orando contra a ansiedade

Não andem ansiosos por coisa alguma, mas em tudo, pela oração e súplicas, e com ação de graças, apresentem seus pedidos a Deus. E a paz de Deus, que excede todo o entendimento, guardará o coração e a mente de vocês em Cristo Jesus.

Filipenses 4:6-7

A ansiedade é uma realidade que muitas mulheres enfrentam, especialmente diante das inúmeras responsabilidades e pressões do dia a dia. Desde as demandas no trabalho até as preocupações com a família, tudo parece competir pela nossa atenção, deixando nossa mente sobrecarregada. Em Filipenses 4:6-7, somos encorajadas a não andarmos ansiosas por coisa alguma, mas a apresentarmos nossos pedidos a Deus por meio da oração e súplica, com ações de graças. A promessa? A paz de Deus, que excede todo entendimento, guardará nosso coração e mente em Cristo Jesus.

Essa paz não vem de circunstâncias favoráveis, mas da certeza de que Deus está no controle, mesmo quando o caos parece reinar ao nosso redor. Orar é um ato de entrega, um reconhecimento de que não precisamos carregar sozinhas os pesos da vida. Muitas vezes, tentamos resolver tudo por conta própria, mas isso apenas aumenta nossa ansiedade. Quando colocamos nossas preocupações diante de Deus, ele nos dá descanso e renova nossa força. Além disso, a gratidão é uma ferramenta poderosa contra a ansiedade. Ao agradecer, focamos nas bênçãos que já recebemos, em vez de nos fixarmos nas dificuldades e faltas.

A paz que Deus oferece não é momentânea; ela é duradoura e transforma nossa perspectiva. Ele nos convida a confiar plenamente nele, sabendo que cada detalhe de nossas vidas está em suas mãos. Portanto, em vez de deixar a ansiedade dominar seu coração, escolha orar e descansar na presença do Pai. Ele é fiel para cuidar de você em cada detalhe, grande ou pequeno.

Oração

Senhor, coloco diante de ti todas as minhas preocupações e ansiedades. Ajuda-me a confiar em teu cuidado e a experimentar tua paz que excede todo entendimento. Guarda meu coração e minha mente em Cristo Jesus. Amém.

Desafio prático

Tire um momento do dia para escrever uma lista de agradecimentos. Depois, ore entregando suas preocupações a Deus e declare sua confiança na paz que só ele pode oferecer.

Dia 6

Mulheres de fé: Inspirando-se em Sara, Ana e Ester

Pela fé Abraão — e também a própria Sara,
apesar de estéril e avançada em idade — recebeu
poder para gerar um filho, porque considerou
fiel aquele que lhe havia feito a promessa.

Hebreus 11:11

A Bíblia está cheia de exemplos de mulheres que confiaram em Deus em meio a desafios aparentemente insuperáveis. Sara esperou pelo cumprimento da promessa de um filho, mesmo quando a lógica dizia que era impossível. Ana, em lágrimas e oração persistente, clamou ao Senhor por um filho, e sua fé foi recompensada. Ester, por sua vez, arriscou tudo para interceder por seu povo, confiando que Deus a colocara naquela posição para um propósito maior. Cada uma delas enfrentou circunstâncias que poderiam ter gerado desespero, mas escolheram depositar sua confiança em Deus, caminhando com fé apesar das incertezas.

A fé é uma jornada, não um destino. Assim como Sara, Ana e Ester, somos chamadas a confiar no Senhor em meio às tempestades e a esperar com paciência pelo agir de Deus. Nem sempre veremos os resultados imediatamente, mas a fé nos sustenta, lembrando-nos de que Deus é fiel para cumprir suas promessas. Em Hebreus 11:1, aprendemos que a fé é a certeza daquilo que esperamos e a prova das coisas que não vemos. Ela nos desafia a sair da zona de conforto, a acreditar no impossível e a agir com coragem.

Essas mulheres não eram perfeitas, mas sua confiança no Senhor transformou suas histórias. Assim como Deus agiu na vida delas, ele também deseja agir na sua. A oração é a chave que fortalece nossa fé e nos conecta ao coração do Pai. Não importa quão grande seja o desafio, lembre-se de que o mesmo Deus que foi fiel a Sara, Ana e Ester é fiel para cumprir seu propósito em sua vida.

Oração

Senhor, fortalece minha fé para confiar em ti mesmo nas situações mais difíceis. Ajuda-me a lembrar que tu és fiel e que teus planos são perfeitos. Quero caminhar com coragem e obediência, como as mulheres de fé da tua Palavra. Em nome de Jesus, amém.

Desafio prático

Leia a história de uma dessas mulheres (Sara, Ana ou Ester) e identifique como a fé delas transformou suas vidas. Depois, escreva uma oração pedindo a Deus que aumente sua fé para enfrentar os desafios do dia a dia.

Dia 7

Orando por sabedoria no lar e na família

A mulher sábia edifica a sua casa, mas com as próprias mãos a insensata derruba a sua.

Provérbios 14:1

Como mulheres, desempenhamos papéis essenciais dentro do lar e da família, desde tomar decisões até mediar conflitos. Esse chamado exige sabedoria, e a Bíblia nos lembra que a verdadeira sabedoria vem do Senhor. Em Tiago 1:5, somos encorajadas a pedir sabedoria a Deus, que a concede generosamente a quem pede com fé. Sabedoria não é apenas conhecimento; é a capacidade de aplicar os princípios de Deus nas situações do dia a dia. Ela nos ajuda a discernir a melhor maneira de orientar os filhos, apoiar o cônjuge, administrar as finanças e criar um ambiente de paz em casa.

Às vezes, as responsabilidades familiares podem parecer esmagadoras, e é fácil sentir-se sobrecarregada. No entanto, Deus nos chama a buscar sua direção em cada detalhe. Ao orar por sabedoria, abrimos espaço para que ele nos guie em momentos de dúvida e nos dê paciência para lidar com as situações mais desafiadoras. A mulher sábia é como aquela descrita em Provérbios 14:1: ela edifica sua casa com suas atitudes e palavras. Quando agimos com sabedoria, evitamos decisões precipitadas e respondemos com mansidão, mesmo em momentos tensos.

Deus deseja nos capacitar para sermos mulheres que edificam e influenciam positivamente aqueles ao nosso redor. Não importa quão complexa seja a situação, a oração é o ponto de partida para encontrar a sabedoria necessária. A paz e a harmonia no lar são frutos de um coração submisso ao Senhor, que confia em sua orientação. Lembre-se: você não precisa enfrentar sozinha os desafios da vida familiar. Deus está ao seu lado, pronto para conceder sabedoria em abundância.

Oração

Pai, conceda-me a sabedoria necessária para lidar com cada situação em minha família. Guia minhas palavras, atitudes e decisões, para que eu seja uma fonte de paz e edificação em meu lar. Em nome de Jesus, amém.

Desafio prático

Antes de tomar qualquer decisão importante em casa esta semana, pare e ore pedindo a orientação de Deus. Depois, reflita sobre como ele respondeu e guiou seus passos.

Dia 8

Força em tempos de fraqueza: Buscando renovação espiritual

Mas aqueles que esperam no Senhor renovam as suas forças. Voam alto como águias; correm e não ficam exaustos, andam e não se cansam.

Isaías 40:31

Há momentos em que nos sentimos fracas, sem energia para enfrentar as demandas do dia a dia. A vida pode parecer um ciclo interminável de responsabilidades, e o cansaço físico e emocional nos rouba a força. No entanto, Isaías 40:31 nos encoraja com a promessa de que aqueles que esperam no Senhor renovarão suas forças; voarão como águias, correrão e não se cansarão, caminharão e não se fatigarão. Essa força não vem de nós mesmas, mas da presença de Deus em nossas vidas.

Buscar renovação espiritual é reconhecer que não fomos criadas para carregar sozinhas nossos fardos. A oração nos conecta à fonte inesgotável de força e nos dá a perspectiva correta para enfrentar cada desafio. Assim como uma planta precisa de água para florescer, precisamos da Palavra de Deus e da comunhão com ele para permanecermos firmes. Muitas vezes, tentamos lutar com nossas próprias forças e acabamos esgotadas, mas o Senhor nos convida a entregar nossas fraquezas a ele. Ele é especialista em transformar cansaço em vigor e desânimo em esperança.

Lembre-se de que sua força não está limitada às circunstâncias ao seu redor. Deus é aquele que sustenta, renova e capacita. Mesmo quando tudo parece difícil, ele nos dá graça suficiente para continuar. Por isso, nos momentos de fraqueza, não desista. Aproxime-se de Deus e permita que ele renove seu espírito, enchendo seu coração de paz e alegria. Você não está sozinha; ele caminha ao seu lado, fortalecendo-a em cada passo.

Oração

Senhor, entrego minhas fraquezas em tuas mãos e peço que renoves minhas forças. Ensina-me a depender de ti em todos os momentos e a encontrar descanso na tua presença. Fortalece meu coração e guia meus passos. Em nome de Jesus, amém.

Desafio prático

Reserve 15 minutos do seu dia para descansar em oração e meditar em Isaías 40:31. Peça a Deus que renove suas forças e escreva em um caderno o que ele falou ao seu coração durante esse tempo.

Dia 9

Orando pela proteção dos filhos

Aquele que habita no abrigo do Altíssimo e descansa à sombra do Todo-poderoso pode dizer ao Senhor: "Tu és o meu refúgio e a minha fortaleza, o meu Deus, em quem confio".

Salmos 91:1-2

Como mães, tias ou avós, carregamos em nossos corações um profundo desejo de proteger aqueles que amamos. Vivemos em um mundo cheio de perigos e incertezas, e, muitas vezes, nos preocupamos com o futuro dos nossos filhos. No entanto, Salmos 91:1-2 nos lembra que quem habita no esconderijo do Altíssimo e descansa à sombra do Onipotente encontra verdadeira segurança. A proteção que vem de Deus vai além do que podemos oferecer com nossas próprias forças. Ele é a nossa fortaleza, aquele que guarda, sustenta e cuida.

Quando oramos pela proteção dos filhos, colocamos suas vidas nas mãos do Criador, reconhecendo que ele os ama ainda mais do que nós. A oração não é apenas um pedido de segurança, mas um ato de fé que nos ajuda a confiar em Deus mesmo diante de situações difíceis. O cuidado divino não significa ausência de desafios, mas a certeza de que Deus está presente, guiando e guardando cada passo de nossos filhos. Ensinar as crianças a dependerem do Senhor também é parte desse processo, pois, ao crescerem, elas aprenderão a buscar a proteção divina em suas próprias vidas.

Nos momentos em que a preocupação tentar tomar conta, lembre-se de que Deus é fiel e está sempre atento às nossas orações. Ele caminha ao lado dos nossos filhos, protege suas mentes, corações e corpos. Por isso, continue intercedendo por eles diariamente, confiando que o Senhor é o guarda fiel de suas vidas.

Oração

Senhor, coloco meus filhos em tuas mãos. Protege-os de todo mal e guia cada passo que eles derem. Ensina-me a confiar plenamente em teu cuidado e a ser uma mãe que reflete teu amor e segurança. Em nome de Jesus, amém.

Desafio prático

Escreva um versículo sobre proteção (como Salmos 91:2) e coloque-o em um lugar visível para seus filhos. Antes de dormir, ore junto com eles, pedindo que Deus guarde suas vidas em todos os momentos.

Dia 10

Mulher virtuosa: Uma vida de propósito e excelência

Reveste-se de força e dignidade; sorri diante do futuro. Fala com sabedoria e ensina com amor.

Provérbios 31:25-26

A mulher descrita em Provérbios 31 é frequentemente chamada de "mulher virtuosa". Suas qualidades inspiram e, ao mesmo tempo, podem parecer um padrão inalcançável. Ela é diligente, sábia, generosa e temente a Deus. Mas o que torna essa mulher realmente especial não são suas habilidades ou realizações, e sim o coração focado em viver conforme o propósito de Deus. Seu valor excede o de rubis, porque ela entende que sua identidade e força vêm do Senhor.

Ser uma mulher virtuosa não significa ser perfeita. Deus não espera que sejamos autossuficientes ou que façamos tudo sozinhas. Pelo contrário, ele nos chama a depender dele e a usar nossos dons para sua glória. Cada uma de nós tem um propósito único e, ao buscar viver em excelência, nos tornamos instrumentos de Deus em nossos lares, trabalhos e comunidades. A mulher virtuosa é alguém que, mesmo em meio a desafios, escolhe confiar em Deus e agir com sabedoria e amor.

Provérbios 31:30 nos ensina que a beleza exterior é passageira, mas a mulher que teme ao Senhor será louvada. Essa é a verdadeira essência de uma vida de propósito: temer a Deus e honrá-lo em cada área da vida. Isso significa servir com alegria, cuidar daqueles que estão ao nosso redor e buscar sabedoria em todas as decisões. Quando colocamos Deus no centro, ele nos capacita a ser mulheres que edificam, inspiram e transformam.

Não importa onde você esteja em sua jornada, lembre-se de que a virtude começa em um coração rendido ao Senhor. Peça que ele molde sua vida conforme sua vontade e capacite você a viver com excelência. Sua vida pode ser um reflexo do amor e da graça de Deus, impactando aqueles ao seu redor e glorificando seu nome.

Oração

Senhor, ajuda-me a viver de acordo com o propósito que tu tens para mim. Molda meu coração para que eu seja uma mulher virtuosa, que te honra em todas as áreas da minha vida. Capacita-me a agir com sabedoria e amor. Em nome de Jesus, amém.

Desafio prático

Escolha uma área da sua vida para dedicar mais tempo e cuidado nesta semana, seja o lar, o trabalho ou os relacionamentos. Ore pedindo sabedoria e aja com propósito e excelência, confiando que Deus guiará seus passos.

Dia 11

Orando por relacionamentos saudáveis e amizades verdadeiras

O amigo ama em todos os momentos;
é um irmão na adversidade.

Provérbios 17:17

Os relacionamentos desempenham um papel fundamental em nossas vidas. Como mulheres, valorizamos a conexão, o cuidado e a presença de pessoas que compartilham nossas alegrias e dores. No entanto, nem sempre é fácil construir e manter relacionamentos saudáveis. Provérbios 17:17 nos ensina que "o amigo ama em todos os momentos, e na angústia nasce o irmão". Amizades verdadeiras são presentes de Deus, e elas nos fortalecem nas jornadas mais desafiadoras. Mas para vivermos relacionamentos assim, precisamos cultivar o respeito, a paciência e, acima de tudo, a oração.

Orar pelos nossos relacionamentos é reconhecer que eles dependem da graça divina. Amizades e laços familiares podem enfrentar tensões e mal-entendidos, mas quando colocamos Deus no centro dessas conexões, ele nos dá sabedoria para lidar com as diferenças e amor para superar conflitos. A oração nos ajuda a discernir quais relacionamentos nos edificam e quais precisam ser tratados com cuidado ou até mesmo reavaliados. Além disso, é importante refletirmos se estamos sendo amigas e companheiras segundo o padrão bíblico, agindo com empatia, sinceridade e compromisso.

Deus deseja que vivamos em unidade e que nossos relacionamentos sejam uma bênção. Relacionamentos saudáveis não são isentos de desafios, mas eles florescem quando regados com perdão, respeito e intercessão. Ao orar por nossas amizades e familiares, pedimos que Deus fortaleça os laços e nos transforme em mulheres que refletem seu amor. Lembre-se: Deus pode restaurar qualquer relacionamento quebrado e construir conexões que glorifiquem o nome dele.

Oração

Pai, coloco meus relacionamentos em tuas mãos. Fortalece as amizades que edificam minha vida e dá-me sabedoria para lidar com conflitos. Ensina-me a amar como tu amas e a ser uma bênção na vida das pessoas ao meu redor. Em nome de Jesus, amém.

Desafio prático

Identifique uma amiga ou familiar com quem você deseja fortalecer os laços. Envie uma mensagem ou faça uma ligação para orar juntas e compartilhar como Deus tem agido em sua vida.

Dia 12

Esperança em meio à espera: Confiando no tempo de Deus

Espere no Senhor. Seja forte!
Coragem! Espere no Senhor.

Salmos 27:14

Esperar é uma das coisas mais desafiadoras que enfrentamos como mulheres. Vivemos em uma sociedade que valoriza a rapidez, e a espera pode nos parecer um obstáculo. No entanto, Salmos 27:14 nos encoraja: "Espere no Senhor. Seja forte! Coragem! Espere no Senhor". O tempo de Deus não é como o nosso, e, muitas vezes, ele usa a espera para nos moldar, fortalecer nossa fé e nos preparar para as bênçãos que virão.

A espera pode gerar dúvidas, impaciência e até desânimo. Mas é no meio desse processo que somos chamadas a confiar no caráter fiel e soberano de Deus. Ele nunca se atrasa e sempre cumpre suas promessas no momento certo. Quando nos sentimos desamparadas ou questionamos se Deus está ouvindo, a oração é nosso refúgio. Ao conversar com ele, encontramos força para continuar e renovar nossa esperança.

Sara esperou anos pelo filho da promessa, Ana chorou diante do altar por sua bênção, e Davi, mesmo ungido como rei, teve que aguardar o tempo de Deus para assumir o trono. Essas histórias nos mostram que a espera nunca é desperdiçada. Enquanto esperamos, Deus trabalha em nosso coração, nos ensina a depender dele e nos dá experiências que fortalecem nossa fé.

Se você está enfrentando um tempo de espera, lembre-se de que Deus não se esqueceu de você. Ele está escrevendo sua história com perfeição, e cada etapa tem um propósito. Confie nele, pois sua graça é suficiente para sustentar você em cada momento. A espera pode ser difícil, mas o resultado será uma vida cheia de testemunhos da fidelidade do Senhor.

Oração

Senhor, ensina-me a esperar em ti com paciência e confiança. Dá-me forças para enfrentar os dias de incerteza e renova minha esperança no teu tempo perfeito. Confio que teus planos são sempre os melhores. Em nome de Jesus, amém.

Desafio prático

Escreva uma carta para Deus compartilhando suas ansiedades e expectativas. Depois, ore entregando tudo nas mãos dele e confie que o Senhor está cuidando de cada detalhe no tempo certo.

Dia 13

Clamor por cura: Corpo, mente e espírito

Bendiga o Senhor a minha alma! Não esqueça nenhuma de suas bênçãos! É ele que perdoa todos os seus pecados e cura todas as suas doenças.

Salmos 103:2-3

A busca por cura é algo que todas enfrentamos em algum momento da vida, seja no corpo, na mente ou no espírito. Vivemos em um mundo marcado por enfermidades, pressões e feridas emocionais que, muitas vezes, nos fazem sentir sobrecarregadas. No entanto, a Palavra de Deus nos dá uma promessa poderosa: "É ele que perdoa todos os seus pecados e cura todas as suas doenças" (Salmos 103:3). Essa verdade nos lembra que Deus é o médico supremo, capaz de trazer restauração completa.

Cuidar do corpo é importante, mas é essencial lembrar que a cura começa no coração. Muitas vezes, carregamos mágoas, ansiedade ou culpa que nos afetam fisicamente. A oração é o lugar onde encontramos alívio e renovação. Quando derramamos nossos medos e dores diante de Deus, ele nos dá paz e força para continuar. Jesus demonstrou seu poder ao curar leprosos, dar vista aos cegos e restaurar paralíticos, mas ele também curou almas, trazendo perdão e libertação. Sua compaixão por aqueles que sofrem nos assegura que ele se importa profundamente com cada área da nossa vida.

A cura nem sempre acontece no tempo ou da forma que esperamos, mas podemos confiar que Deus está no controle. Ele usa diferentes meios para nos restaurar, seja por meio de médicos, terapias ou milagres instantâneos. O mais importante é que, enquanto buscamos a cura, ele nos sustenta com sua graça e nos dá forças para perseverar. Lembre-se de que Deus está ao seu lado em cada batalha, oferecendo consolo e esperança.

Oração

Senhor, entrego a ti todas as áreas da minha vida que precisam de cura. Restaura meu corpo, minha mente e meu espírito. Sustenta-me com tua graça e dá-me paz em meio às lutas. Confio em teu poder de curar e renovar. Em nome de Jesus, amém.

Desafio prático

Separe um tempo para orar especificamente por alguém que precisa de cura. Envie uma mensagem de encorajamento a essa pessoa e compartilhe um versículo que traga esperança e conforto.

Dia 14

Intercessão por mulheres que sofrem perseguição ou injustiça

Os justos clamam, o Senhor os ouve e os livra de todas as suas tribulações. O Senhor está perto dos que têm coração quebrantado e salva os de espírito abatido.

Salmos 34:17-18

Muitas mulheres ao redor do mundo enfrentam perseguições e injustiças diariamente, seja por causa de sua fé, seja por questões sociais ou culturais. Elas carregam fardos pesados, muitas vezes em silêncio, enquanto enfrentam preconceitos, opressões e abusos. Em Salmos 34:17-18, encontramos a promessa de que "os justos clamam, o Senhor os ouve e os livra de todas as suas tribulações. O Senhor está perto dos que têm o coração quebrantado e salva os de espírito abatido". Esse versículo nos encoraja a interceder por essas mulheres, sabendo que Deus é seu refúgio e força.

A intercessão é uma das formas mais poderosas de demonstrar amor e empatia. Orar por mulheres que enfrentam dificuldades nos conecta ao coração do Pai e nos torna instrumentos de sua graça. Quando nos colocamos na brecha em oração, pedimos a Deus que fortaleça, proteja e restaure essas vidas. Além disso, é importante lembrar que nossa voz também pode ser usada para lutar contra as injustiças. Ao agirmos com compaixão e fé, refletimos o amor de Cristo ao mundo.

Jesus foi o maior defensor dos oprimidos, e ele nos chama a fazer o mesmo. Ao intercedermos por mulheres que sofrem, declaramos que elas não estão sozinhas e que o Deus de justiça está trabalhando em seu favor. Mesmo diante de situações que parecem impossíveis, Deus é capaz de transformar dor em vitória. A oração pode atravessar barreiras que nossas mãos não alcançam, trazendo esperança e renovação. Persevere em oração, confiando que o Senhor é justo e fiel.

Oração

Pai, hoje intercedo por todas as mulheres que sofrem perseguições ou injustiças. Fortalece-as, protege-as e lembra-as de que elas não estão sozinhas. Levanta pessoas para lutar em favor delas e traz justiça às suas vidas. Em nome de Jesus, amém.

Desafio prático

Pesquise sobre organizações que apoiam mulheres em situações de vulnerabilidade e escolha uma forma de contribuir, seja orando, doando ou divulgando o trabalho dessas instituições.

Dia 15

Oração pelo perdão: Libertando-se de mágoas e ressentimentos

Pois se perdoarem as ofensas uns dos outros, o Pai celestial também lhes perdoará. Mas se não perdoarem uns aos outros, o Pai celestial não lhes perdoará as ofensas.

Mateus 6:14-15

Perdoar nem sempre é fácil, especialmente quando as feridas são profundas. Muitas vezes, carregamos mágoas e ressentimentos que pesam sobre nossa alma, tornando difícil avançar. No entanto, Jesus nos chama a perdoar, assim como fomos perdoadas por Deus. Em Mateus 6:14-15, ele nos ensina que, se perdoarmos as ofensas dos outros, também seremos perdoadas. O perdão não é apenas um mandamento, mas um presente que traz liberdade e cura.

Guardar ressentimentos é como carregar uma bagagem pesada que nos impede de viver plenamente. Ao orar por perdão, entregamos a Deus nossa dor e permitimos que ele restaure nosso coração. O perdão não significa ignorar o erro ou justificar o que foi feito, mas sim liberar a pessoa e confiar que Deus cuidará da justiça. Mais do que isso, o perdão nos liberta do controle que o passado exerce sobre nossas vidas, abrindo espaço para a paz e a alegria.

Jesus nos deu o exemplo supremo ao perdoar aqueles que o crucificaram. Seu amor incondicional nos ensina que perdoar é uma escolha que leva à restauração. Mesmo que o processo seja difícil, a oração é o primeiro passo para liberar a mágoa e experimentar a verdadeira liberdade. Não importa o quão impossível pareça, Deus nos dá força e graça para perdoar, curar e seguir em frente. Lembre-se: o perdão não transforma apenas os outros, mas principalmente o nosso coração.

Oração

Senhor, ajuda-me a perdoar como tu me perdoaste. Liberta-me de toda mágoa e ressentimento e enche meu coração com tua paz. Cura as feridas e dá-me força para amar com o teu amor. Em nome de Jesus, amém.

Desafio prático

Pense em alguém que você precisa perdoar. Ore pedindo a Deus força para liberar o perdão e, se possível, entre em contato com essa pessoa, oferecendo um gesto de reconciliação.

Dia 16

Orando por força nos desafios do trabalho e estudos

Tudo o que fizerem, façam de todo o coração, como para o Senhor, e não para os homens, sabendo que receberão do Senhor a recompensa da herança. É a Cristo, o Senhor, que vocês estão servindo.

Colossenses 3:23-24

O trabalho e os estudos são partes importantes da nossa vida, mas também podem ser fontes de cansaço e estresse. Muitas vezes, sentimos que a carga é pesada demais ou que os desafios são maiores do que nossas forças. Em Colossenses 3:23-24, a Palavra nos lembra: "Tudo o que fizerem, façam de todo o coração, como para o Senhor, e não para os homens, sabendo que receberão do Senhor a recompensa da herança. É a Cristo, o Senhor, que vocês estão servindo". Essa perspectiva nos ajuda a enxergar nosso trabalho como um ato de adoração e nossos estudos como uma oportunidade de crescimento.

Mesmo em meio às dificuldades, Deus nos chama a perseverar e buscar nele a força necessária. Orar pelo trabalho e pelos estudos nos dá clareza para enfrentar os desafios e discernimento para tomar decisões. Além disso, a oração nos lembra de que não estamos sozinhas. O Senhor está ao nosso lado, pronto para nos capacitar e renovar nossas energias. Seja no ambiente de trabalho, com metas e prazos, ou nos estudos, enfrentando provas e projetos, Deus promete nos sustentar.

Quando dedicamos nossos esforços a ele, recebemos graça para superar o cansaço e paciência para lidar com as adversidades. Lembre-se de que Deus vê cada esforço, cada pequena vitória e até mesmo as lutas silenciosas. Ele é fiel para honrar aqueles que confiam nele e fazem tudo com excelência e coração sincero. Por isso, não desista. Confie que o Senhor está trabalhando a seu favor e que, em sua força, você pode enfrentar qualquer desafio.

Oração

Senhor, entrego meus desafios no trabalho e nos estudos em tuas mãos. Renova minhas forças, dá-me sabedoria e paciência para perseverar. Que tudo o que eu fizer seja para tua glória. Em nome de Jesus, amém.

Desafio prático

Antes de começar suas atividades de trabalho ou estudo hoje, faça uma oração breve, pedindo a Deus direção e força. Anote como você se sentiu ao longo do dia e observe como Deus está agindo em seus esforços.

Dia 17

Cuidando do templo do Espírito Santo: Saúde e bem-estar

Acaso não sabem que o corpo de vocês é santuário do Espírito Santo que habita em vocês, que lhes foi dado por Deus, e que vocês não são de si mesmos? Vocês foram comprados por alto preço. Portanto, glorifiquem a Deus com o seu próprio corpo.

1 Coríntios 6:19-20

Em 1 Coríntios 6:19-20, Paulo nos lembra de uma verdade poderosa: "Acaso não sabem que o corpo de vocês é templo do Espírito Santo, que habita em vocês, que lhes foi dado por Deus? Vocês não são de si mesmos; foram comprados por alto preço. Portanto, glorifiquem a Deus com o seu corpo." Essa passagem nos chama a cuidar do nosso corpo, mente e espírito, reconhecendo que somos morada do próprio Deus. A saúde e o bem-estar não são apenas questões físicas, mas também espirituais. Quando negligenciamos nosso corpo, seja com excesso de trabalho, má alimentação ou falta de descanso, acabamos enfraquecendo nossa capacidade de servir ao Senhor com excelência.

Cuidar do templo do Espírito Santo envolve escolhas conscientes que promovem equilíbrio em todas as áreas da vida. A oração é essencial nesse processo, pois nos ajuda a buscar direção divina em relação à nossa saúde e bem-estar. Deus se importa com cada detalhe da nossa vida, incluindo como cuidamos do nosso corpo. Ele nos chama a descansar em sua presença, renovar nossas forças e viver com sabedoria, evitando excessos e cultivando hábitos saudáveis.

Lembre-se de que o cuidado com o corpo não é vaidade, mas uma forma de adoração. Quando nos sentimos bem, temos mais energia e disposição para cumprir o chamado de Deus em nossas vidas. Por isso, reserve tempo para descansar, alimente-se bem e cuide de sua saúde emocional e espiritual. Um coração grato e uma mente equilibrada são essenciais para glorificar a Deus em todas as áreas.

Oração

Senhor, ajuda-me a cuidar do meu corpo, mente e espírito como templo do teu Espírito. Dá-me sabedoria para fazer escolhas saudáveis e renovar minhas forças diariamente. Que minha vida te glorifique em tudo. Em nome de Jesus, amém.

Desafio prático

Escolha uma pequena mudança para melhorar sua saúde hoje, como beber mais água, fazer uma caminhada ou separar um tempo para descansar. Ore, pedindo que Deus abençoe seus esforços e renove suas forças.

Dia 18

Gratidão em todas as coisas: Cultivando um coração agradecido

Dêem graças em todas as circunstâncias, pois esta é a vontade de Deus para vocês em Cristo Jesus.

Tessalonicenses 5:18

A gratidão transforma a maneira como enxergamos a vida. Em 1 Tessalonicenses 5:18, somos instruídas a dar graças em todas as circunstâncias, pois essa é a vontade de Deus para nós em Cristo Jesus. Isso não significa ignorar os desafios ou fingir que tudo está bem, mas sim reconhecer que, mesmo nos momentos difíceis, Deus está presente e cuidando de nós. A gratidão nos ajuda a mudar o foco das dificuldades para as bênçãos, permitindo que nossos corações sejam preenchidos com paz e alegria.

Quando cultivamos um coração agradecido, experimentamos uma transformação interna. A murmuração dá lugar à esperança, e o descontentamento é substituído por uma profunda confiança em Deus. Mesmo nos dias mais difíceis, sempre há algo pelo que podemos agradecer: o amor de Deus, sua provisão, saúde, amizades ou até mesmo pequenos momentos de alegria no cotidiano. A oração nos conecta ao Pai, e a gratidão nos aproxima ainda mais dele, fortalecendo nossa fé e renovando nosso espírito.

Jesus nos deu o exemplo ao dar graças antes de alimentar a multidão com poucos pães e peixes (João 6:11). Ele demonstrou que, mesmo diante da insuficiência, a gratidão abre portas para milagres. Da mesma forma, quando escolhemos agradecer, estamos reconhecendo a fidelidade de Deus e sua capacidade de transformar qualquer situação. Não importa o que você esteja enfrentando hoje, reserve um tempo para agradecer e experimente a paz que só o Senhor pode oferecer.

Oração

Senhor, obrigado por teu amor e cuidado em minha vida. Ajuda-me a cultivar um coração agradecido, mesmo nas adversidades. Que minha gratidão seja um reflexo da confiança que tenho em ti. Em nome de Jesus, amém.

Desafio prático

Tire cinco minutos do seu dia para listar dez motivos de gratidão. A cada dia, adicione novos itens à lista e observe como seu coração se enche de alegria e esperança.

Dia 19

Orando por direção e decisões sábias

Mostra-me, Senhor, os teus caminhos, ensina-me as tuas veredas; guia-me com a tua verdade e ensina-me, pois tu és Deus, meu Salvador, e a minha esperança está em ti o tempo todo.

Salmos 25:4-5

Tomar decisões faz parte da vida, e, como mulheres, somos frequentemente responsáveis por escolhas que afetam nossa família, carreira e vida espiritual. Às vezes, essas decisões podem parecer esmagadoras, especialmente quando não temos clareza sobre qual caminho seguir. No entanto, a Bíblia nos lembra que podemos buscar a direção de Deus. Em Salmos 25:4-5, Davi ora: "Mostra-me, Senhor, os teus caminhos, ensina-me as tuas veredas; guia-me com a tua verdade e ensina-me, pois tu és Deus, meu Salvador, e a minha esperança está em ti o tempo todo".

Orar por direção é um ato de humildade, reconhecendo que a sabedoria de Deus é maior do que a nossa. Muitas vezes, tentamos resolver as coisas sozinhas e acabamos sobrecarregadas ou tomando decisões precipitadas. Mas quando buscamos a orientação do Senhor, ele nos guia com amor e sabedoria, iluminando o caminho certo. A oração nos traz paz em meio à indecisão, pois sabemos que estamos nas mãos daquele que vê o início e o fim de todas as coisas.

Além disso, Deus nos dá sua Palavra como um guia infalível. Ao meditar nas Escrituras e pedir discernimento, ele nos capacita a tomar decisões alinhadas com sua vontade. A oração constante e a confiança no Senhor nos ajudam a enfrentar cada escolha com coragem e tranquilidade, sabendo que ele está conosco. Não importa a complexidade da situação, Deus é fiel para conduzir cada passo nosso. Confie nele e permita que suas decisões reflitam o plano perfeito que ele tem para sua vida.

Oração

Senhor, guia-me em cada decisão que preciso tomar. Dá-me sabedoria para discernir tua vontade e coragem para seguir o caminho que tu preparaste. Confio em tua direção e entrego tudo em tuas mãos. Em nome de Jesus, amém.

Desafio prático

Antes de tomar qualquer decisão importante, leia Salmos 25:4-5 e ore pedindo a direção de Deus. Anote os pensamentos que vierem ao seu coração e confie que ele está guiando seus passos.

Dia 20

Clamor por justiça: Intercedendo por causas femininas

Em vez disso, corra a retidão como um rio,
a justiça como um ribeiro perene!

Amós 5:24

Vivemos em um mundo onde muitas mulheres ainda enfrentam desigualdade, abuso e opressão. Esse cenário nos desafia a levantar nossas vozes em oração e ação em favor de justiça. Em Amós 5:24, Deus declara: "Em vez disso, corra a retidão como um rio, a justiça como um ribeiro perene!". Essa passagem nos mostra o desejo do Senhor de ver a justiça fluindo em todas as áreas da sociedade, trazendo dignidade e restauração.

Interceder por causas femininas é mais do que um ato de solidariedade; é um chamado para refletir o caráter justo de Deus. Quando oramos, pedimos que ele levante líderes sábias e comprometidas com a verdade, que promovam mudanças significativas. Além disso, a oração fortalece mulheres que estão em situações vulneráveis, lembrando-as de que não estão sozinhas. Deus é o defensor dos oprimidos, e seu amor age para restaurar vidas e transformar sistemas corrompidos.

Também somos desafiadas a sermos instrumentos de justiça em nosso cotidiano. Pequenos gestos, como ouvir, apoiar ou educar, podem fazer grande diferença. A luta por justiça começa em nossos corações, quando permitimos que Deus nos transforme e nos use para ser a voz de esperança e encorajamento. Não desista de orar por aquelas que sofrem e por mudanças em nossa sociedade. Deus ouve o clamor de seus filhos e trabalha em favor dos que buscam sua justiça.

Oração

Senhor, coloco diante de ti todas as mulheres que enfrentam injustiças e opressões. Levanta líderes comprometidas com tua verdade e traz justiça onde há sofrimento. Usa-me como instrumento do teu amor e da tua paz. Em nome de Jesus, amém.

Desafio prático

Pesquise sobre uma causa feminina que necessita de apoio em sua comunidade. Ore por ela e encontre uma forma prática de contribuir, seja através de doações, voluntariado ou divulgação.

Dia 21

Orando pela unidade entre mulheres na igreja

Para que todos sejam um, Pai, como tu estás em mim e eu em ti. Que eles também estejam em nós, para que o mundo creia que tu me enviaste.

João 17:21

A unidade é um dos maiores desejos do coração de Deus para seu povo. Em João 17:21, Jesus orou: "Para que todos sejam um, Pai, como tu estás em mim e eu em ti. Que eles também estejam em nós, para que o mundo creia que tu me enviaste". A unidade entre os cristãos é um testemunho poderoso do amor de Deus e uma ferramenta para impactar o mundo. No entanto, sabemos que, mesmo dentro da Igreja, divergências e desentendimentos podem surgir, especialmente entre mulheres, que frequentemente enfrentam desafios na convivência diária.

A oração é o primeiro passo para promover a unidade. Quando intercedemos umas pelas outras, permitimos que o Espírito Santo transforme nossos corações e remova barreiras como o orgulho, a inveja ou o ressentimento. A unidade não significa uniformidade, mas sim a habilidade de caminhar juntas em amor e respeito, mesmo com diferenças. Mulheres unidas em Cristo se fortalecem mutuamente, compartilham fardos e celebram vitórias, edificando a Igreja como um corpo.

Além disso, Deus nos chama a sermos pacificadoras, buscando a reconciliação onde houver conflitos. O perdão e a empatia são fundamentais para mantermos relacionamentos saudáveis e uma comunidade forte. Lembre-se de que cada mulher tem dons e talentos únicos, dados por Deus para serem usados em harmonia. Ao orarmos pela unidade, convidamos o Espírito Santo a trabalhar em nossas vidas e a criar laços que refletem o amor de Cristo.

Oração

Senhor, une nossas vidas como mulheres em tua Igreja. Remove tudo o que nos separa e enche nossos corações de amor e respeito. Ajuda-nos a viver em harmonia, glorificando teu nome em cada relacionamento. Em nome de Jesus, amém.

Desafio prático

Escolha uma irmã em Cristo com quem você deseja fortalecer sua amizade. Convide-a para um momento de oração e compartilhe como vocês podem crescer juntas em unidade e amor.

Dia 22

Esperança em Deus durante temporadas de infertilidade

"Era este menino que eu pedia, e o Senhor concedeu-me o pedido. Por isso, agora, eu o dedico ao Senhor. Por toda a sua vida será dedicado ao Senhor". E ali adorou o Senhor.

1 Samuel 1:27-28

A infertilidade é uma jornada difícil e muitas vezes silenciosa, marcada por esperas, frustrações e perguntas sem respostas. Para mulheres que enfrentam essa realidade, pode ser um desafio manter a esperança e confiar no plano de Deus. No entanto, em 1 Samuel 1:27, Ana nos dá um testemunho poderoso: "Por este menino orava eu, e o Senhor atendeu à minha súplica". Ana passou por anos de espera e dor, mas nunca deixou de clamar ao Senhor, confiando que ele ouviria seu coração.

Deus vê cada lágrima e ouve cada oração. Mesmo quando o silêncio parece esmagador, ele está trabalhando nos bastidores, moldando nosso caráter e fortalecendo nossa fé. A espera não é sinal de abandono, mas de que o Senhor tem um plano maior. Ele nos convida a confiar nele e a descansar em sua soberania, lembrando-nos de que seus pensamentos são mais altos que os nossos.

A oração é um refúgio em momentos de dor e incerteza. Assim como Ana derramou sua alma diante de Deus, somos chamadas a fazer o mesmo. Ele nos acolhe com amor e nos dá força para continuar. Mesmo que o caminho seja árduo, podemos encontrar consolo em sua presença e esperança em suas promessas. Lembre-se: Deus é fiel e suas palavras nunca falham.

Oração

Pai, entrego a ti minhas dores e esperas. Dá-me forças para confiar em teus planos e renova minha esperança diariamente. Que tua paz preencha meu coração enquanto descanso em tua soberania. Em nome de Jesus, amém.

Desafio prático

Escreva uma oração sincera a Deus, expressando suas emoções e expectativas. Depois, leia a história de Ana em 1 Samuel 1 e reflita sobre como sua fé e perseverança podem inspirar você a continuar confiando.

Dia 23

Orando contra o medo e a insegurança

Pois Deus não nos deu espírito de covardia,
mas de poder, de amor e de equilíbrio.

2 Timóteo 1:7

O medo e a insegurança são sentimentos que, em algum momento, todas enfrentamos. Eles podem surgir diante de situações inesperadas, desafios ou até mesmo por causa de pensamentos que nos atormentam. No entanto, Deus nos lembra em 2 Timóteo 1:7: "Pois Deus não nos deu espírito de covardia, mas de poder, de amor e de equilíbrio". Essa verdade nos fortalece e nos encoraja a enfrentar os desafios com confiança, sabendo que não estamos sozinhas.

Quando permitimos que o medo e a insegurança dominem, perdemos a visão do que Deus é capaz de fazer em nossas vidas. A oração é uma ferramenta poderosa para nos ajudar a enfrentar esses sentimentos, pois nos conecta ao nosso Pai celestial, que é a nossa fortaleza. Quando oramos, declaramos nossa dependência dele e entregamos a ele nossos temores. Em troca, ele nos dá força, coragem e paz.

Lembre-se de que os maiores heróis da fé também enfrentaram medos. Moisés hesitou diante do chamado de Deus, e Gideão duvidou de sua capacidade de liderar. Mas ambos aprenderam a confiar no Senhor e a seguir em frente. Deus não nos chama para sermos perfeitas, mas para dependermos dele em cada passo. Quando entregamos nossos medos ao Senhor, ele transforma nossa fraqueza em força e nos ajuda a caminhar com firmeza.

Se você tem lidado com medos ou inseguranças, saiba que Deus está com você. Ele sussurra ao seu coração: "Não temas, pois eu sou contigo; não te assombres, pois eu sou o teu Deus" (Isaías 41:10). Confie nele e permita que sua paz governe sua mente e coração.

Oração

Senhor, entrego a ti todos os meus medos e inseguranças. Enche-me com teu Espírito de poder e coragem, para que eu possa enfrentar cada desafio com confiança em ti. Fortalece meu coração e renova minha fé. Em nome de Jesus, amém.

Desafio prático

Identifique um medo ou insegurança que tem paralisado você. Ore especificamente sobre isso, pedindo a Deus coragem para enfrentá-lo. Dê um passo prático em direção à superação, confiando que Deus está ao seu lado.

Dia 24

Orando por alegria em meio às lutas diárias

E Neemias acrescentou: "Podem sair, e comam e bebam do melhor que tiverem, e repartam com os que nada têm preparado. Este dia é consagrado ao nosso Senhor. Não se entristeçam, porque a alegria do Senhor os fortalecerá".

Neemias 8:10

A vida é cheia de desafios, e muitas vezes as lutas diárias podem nos desgastar, roubando nossa alegria. No entanto, a Palavra nos lembra que a alegria do Senhor é a nossa força (Neemias 8:10). Essa alegria não depende das circunstâncias, mas de uma conexão íntima com Deus, que nos sustenta em meio às dificuldades. Mesmo em momentos de dor e incerteza, somos convidadas a buscar a presença do Senhor, onde encontramos paz e renovação.

A alegria verdadeira vem de um coração que confia em Deus, sabendo que ele está no controle de todas as coisas. Quando escolhemos focar nas promessas do Senhor em vez dos problemas, experimentamos uma mudança em nossa perspectiva. A oração é a chave para acessar essa alegria. Ao derramarmos nossas preocupações diante de Deus, recebemos sua paz e somos lembradas de que ele é fiel para nos conduzir em todas as situações.

Lembre-se de que até mesmo o apóstolo Paulo, enquanto estava preso, escreveu: "Alegrem-se sempre no Senhor. Novamente direi: alegrem-se!" (Filipenses 4:4). Ele sabia que a verdadeira alegria vem da certeza de que Deus é maior do que qualquer tribulação. Quando permitimos que a alegria do Senhor inunde nossos corações, ela se torna uma fonte de força e inspiração para enfrentar os desafios com coragem e esperança.

Se você tem enfrentado lutas, não permita que elas roubem sua alegria. Escolha confiar no Senhor, pois ele é a fonte inesgotável de alegria e consolo. Ele está ao seu lado, renovando suas forças e enchendo seu coração de esperança.

Oração

Pai, em meio às lutas diárias, enche meu coração com tua alegria que renova e fortalece. Ensina-me a confiar em ti, mesmo nos momentos difíceis, e a encontrar alegria na tua presença. Em nome de Jesus, amém.

Desafio prático

Liste três coisas que trazem alegria ao seu coração e dedique um tempo para agradecer a Deus por elas. Compartilhe essa alegria com alguém próximo, oferecendo palavras de encorajamento e esperança.

Dia 25

A mulher que confia no Senhor não se abala

Os que confiam no Senhor são como o monte Sião, que não se pode abalar, mas permanece para sempre.

Salmo 125:1

Em um mundo repleto de incertezas, confiar no Senhor é um ato de fé que nos dá estabilidade e paz. O salmo 125:1 declara: "Os que confiam no Senhor são como o monte Sião, que não se pode abalar, mas permanece para sempre". Essa promessa nos lembra de que, quando depositamos nossa confiança em Deus, encontramos uma base sólida, mesmo em meio às tempestades da vida.

A confiança em Deus não elimina os desafios, mas nos dá a certeza de que não estamos sozinhas. Ela nos fortalece diante das dificuldades e nos capacita a caminhar com segurança, sabendo que ele está no controle. No entanto, confiar plenamente no Senhor exige um coração rendido e uma mente renovada por sua Palavra. Quando enfrentamos situações que fogem do nosso entendimento, a oração nos ajuda a alinhar nossos pensamentos com os de Deus e a descansar em sua fidelidade.

Lembre-se de que, assim como Deus sustentou personagens bíblicos como Ester, Débora e Rute, ele também sustenta você. Essas mulheres enfrentaram grandes desafios, mas confiaram no Senhor e viram sua provisão e cuidado em cada passo. Da mesma forma, você pode confiar que Deus está presente, trabalhando em seu favor, mesmo quando tudo parece incerto.

Seja qual for a tempestade que você está enfrentando, escolha confiar em Deus. Ele é sua fortaleza, seu refúgio e seu socorro bem presente. Nada pode abalar aquele que está firmado no Senhor.

Oração

Senhor, ajuda-me a confiar plenamente em ti, mesmo quando as circunstâncias parecem difíceis. Fortalece meu coração e dá-me segurança em tua fidelidade. Que minha confiança em ti seja inabalável. Em nome de Jesus, amém.

Desafio prático

Medite no salmo 125:1 e memorize-o. Sempre que sentir insegurança ou medo, declare essa verdade em voz alta e lembre-se de que sua confiança está firmada no Senhor.

Dia 26

Intercedendo pela salvação de entes queridos

Eles responderam: "Creia no Senhor Jesus, e serão salvos, você e os de sua casa".

Atos 16:31

Poucas coisas pesam mais em nosso coração do que ver pessoas que amamos afastadas de Deus. A salvação dos entes queridos é um dos maiores motivos de intercessão para muitas mulheres. Em Atos 16:31, encontramos a promessa: "Creia no Senhor Jesus, e serão salvos você e os de sua casa." Essa declaração nos encoraja a continuar orando com fé, confiando que Deus está trabalhando, mesmo quando não vemos mudanças imediatas.

A oração pela salvação é um ato de amor e perseverança. Assim como a mulher cananeia persistiu em clamar a Jesus por sua filha (Mateus 15:22-28), somos chamadas a interceder sem desanimar. Deus ouve cada clamor e age no tempo certo. A salvação é uma obra do Espírito Santo, que convence o coração das pessoas, mas nossa intercessão é um canal poderoso para que a graça divina alcance aqueles que amamos.

Mesmo quando enfrentamos resistência ou indiferença, não devemos perder a esperança. Deus deseja que todos venham ao conhecimento da verdade (1 Timóteo 2:4) e está continuamente atraindo os perdidos para si. Lembre-se de que, assim como o pai do filho pródigo esperou com paciência e amor pelo retorno do filho, devemos manter nosso coração cheio de esperança e fé.

Interceda com fervor, confiante de que Deus está trabalhando. Não subestime o poder da oração; ela pode quebrar barreiras espirituais e transformar vidas. Deus é fiel, e suas promessas nunca falham.

Oração

Senhor, coloco diante de ti os nomes dos meus entes queridos que ainda não te conhecem. Que teu Espírito Santo toque seus corações e os traga para perto de ti. Dá-me paciência e fé para continuar intercedendo. Em nome de Jesus, amém.

Desafio prático

Faça uma lista com os nomes dos seus entes queridos por quem deseja orar. Dedique um tempo diário para interceder por cada um, pedindo que Deus os alcance e transforme suas vidas.

Dia 27

Orando por restaurar o amor-próprio em Deus

Eu te louvo porque me fizeste de modo especial e admirável. Tuas obras são maravilhosas! Digo isso com convicção.

Salmos 139:14

Em algum momento, muitas mulheres enfrentam batalhas internas relacionadas à autoestima e ao amor-próprio. Somos constantemente bombardeadas por padrões inalcançáveis de beleza e sucesso, o que pode nos fazer questionar nosso valor. No entanto, Salmos 139:14 nos lembra: “Eu te louvo porque me fizeste de modo especial e admirável. Tuas obras são maravilhosas, digo isso com convicção”. Essa verdade nos aponta para a fonte do nosso valor: fomos criadas à imagem e semelhança de Deus, com um propósito único e eterno.

Restaurar o amor-próprio começa com a compreensão de quem somos em Cristo. Não somos definidas por falhas, rótulos ou comparações, mas pelo amor incondicional de Deus. Ele nos chama de preciosas e amadas, e nos convida a enxergar a nós mesmas com os olhos dele. A oração nos ajuda a alinhar nossos pensamentos com a verdade da Palavra, renovando a forma como nos vemos e nos libertando de mentiras que podem ter sido enraizadas em nosso coração.

Jesus valorizou cada pessoa que encontrou, incluindo aquelas rejeitadas pela sociedade, mostrando que todos têm um lugar especial em seu coração. Da mesma forma, ele deseja que vejamos nosso valor por meio de sua perspectiva. Ao orar por restauração do amor-próprio, entregamos a Deus nossas inseguranças e permitimos que ele trabalhe em nosso interior, transformando nossas feridas em testemunhos.

Lembre-se de que Deus a criou com cuidado e propósito. Você é amada, escolhida e digna. Permita que essa verdade guie seu coração e renove sua confiança diariamente.

Oração

Pai, ajuda-me a enxergar meu valor por meio dos teus olhos. Restaura meu amor-próprio e liberta-me das mentiras que têm me limitado. Que eu viva como uma mulher confiante em tua verdade e amor. Em nome de Jesus, amém.

Desafio prático

Anote três qualidades que Deus colocou em você e ore, agradecendo por cada uma delas. Sempre que sentir insegurança, releia essa lista e declare a verdade do seu valor em Cristo.

Dia 28

Orando por perseverança em meio à adversidade

Não só isso, mas também nos gloriamos nas tribulações, porque sabemos que a tribulação produz perseverança; a perseverança, um caráter aprovado; e o caráter aprovado, esperança.

Romanos 5:3-4

A vida é cheia de desafios que testam nossa fé e nossa capacidade de perseverar. Diante das adversidades, muitas vezes nos sentimos tentadas a desistir, especialmente quando as lutas parecem não ter fim. Mas em Romanos 5:3-4, Paulo nos ensina: "Também nos gloriamos nas tribulações, porque sabemos que a tribulação produz perseverança; a perseverança, um caráter aprovado; e o caráter aprovado, esperança". Essas palavras nos lembram que as dificuldades não são em vão; elas moldam nosso caráter e nos aproximam de Deus.

Perseverar não significa ignorar a dor ou negar as dificuldades, mas escolher confiar em Deus mesmo quando o caminho é difícil. É na oração que encontramos forças para continuar. A oração nos conecta à fonte inesgotável de poder e nos ajuda a manter os olhos fixos nas promessas de Deus. Lembre-se de que você não está sozinha em suas lutas; o Senhor caminha ao seu lado, fortalecendo-a e sustentando-a em cada passo.

Jesus é o maior exemplo de perseverança. Ele suportou a cruz, enfrentou humilhações e dores indescritíveis, mas não desistiu do propósito que Deus tinha para ele. Assim como Jesus, somos chamadas a confiar no Pai, sabendo que, ao final da adversidade, há vitória e crescimento.

Por mais difíceis que sejam as circunstâncias, Deus é fiel e nos dá tudo o que precisamos para perseverar. Confie que ele está trabalhando, mesmo quando não vemos resultados imediatos. Sua graça nos fortalece, e sua presença nos dá coragem para continuar.

Oração

Senhor, dá-me forças para perseverar em meio às dificuldades. Sustenta-me com tua graça e renova minha fé nas tuas promessas. Que eu confie em ti em cada passo da minha jornada. Em nome de Jesus, amém.

Desafio prático

Escolha um versículo que fale sobre perseverança e escreva-o em um lugar visível. Sempre que sentir vontade de desistir, leia-o em voz alta e peça a Deus forças para continuar firme em sua caminhada.

Dia 29

Lidando com a culpabilidade

Portanto, agora já não há condenação
para os que estão em Cristo Jesus.

Romanos 8:1

A culpa pode se tornar uma prisão emocional que nos impede de viver plenamente o propósito de Deus. Muitas mulheres carregam pesos do passado, erros cometidos ou palavras ditas que deixaram marcas. No entanto, Romanos 8:1 declara: "Portanto, agora já não há condenação para os que estão em Cristo Jesus". Essa verdade nos lembra que, quando nos arrependemos e confessamos nossos pecados, Deus nos perdoa completamente e não há mais espaço para a acusação.

Lidar com a culpa começa com o reconhecimento de que não podemos mudar o passado, mas podemos entregá-lo nas mãos de Deus. A oração é o caminho para buscar libertação e restauração. Ao confessarmos nossas falhas e pedirmos perdão, experimentamos a graça transformadora do Senhor, que apaga nossos erros e renova nossa esperança.

Jesus levou sobre si todas as nossas culpas na cruz. Ele nos convida a trocar o peso da condenação por seu jugo suave e leve (Mateus 11:28-30). Viver em liberdade significa abraçar o perdão divino e rejeitar as mentiras que tentam nos prender ao passado. Deus não nos define pelos nossos erros, mas pelo sacrifício de Cristo.

Se você tem lutado contra a culpa, lembre-se de que a graça de Deus é maior do que qualquer falha. Ele deseja que você caminhe em liberdade, confiando que sua obra em sua vida está em andamento. Não deixe a culpa roubar sua paz; receba a cura que vem do Pai.

Oração

Senhor, entrego a ti toda culpa e condenação que ainda carrego. Ajuda-me a viver na liberdade que Cristo conquistou na cruz. Renova meu coração e enche-me com tua paz e alegria. Em nome de Jesus, amém.

Desafio prático

Escreva uma carta a Deus confessando tudo o que ainda traz culpa ao seu coração. Depois, rasgue-a como um símbolo de que você entregou tudo a ele e escolha viver na liberdade e no perdão que ele oferece.

Dia 30

Mulheres fortes em Deus: Inspirando-se em Débora e Jael

E Débora disse também a Baraque: "Vá! Este é o dia em que o Senhor entregou Sísera em suas mãos. O Senhor está indo à sua frente!" [...]

Juízes 4:14-15

Débora e Jael são exemplos poderosos de mulheres que demonstraram força e coragem ao seguirem o propósito de Deus. Em Juízes 4, vemos Débora, uma líder sábia e profetisa, que, com confiança no Senhor, orientou o povo de Israel em um momento de grande dificuldade. Sua força não vinha de suas próprias habilidades, mas de sua obediência e fé no Deus que luta por seu povo. Por outro lado, Jael, uma mulher aparentemente comum, foi usada por Deus para trazer vitória a Israel de forma surpreendente, mostrando que mesmo em papéis inesperados, a força de Deus opera através de nós.

Essas mulheres nos ensinam que a verdadeira força está em confiar no Senhor e obedecer à sua direção, mesmo quando a tarefa parece grande ou improvável. Muitas vezes, nos sentimos pequenas ou incapazes diante dos desafios, mas Deus nos lembra de que sua força se aperfeiçoa em nossas fraquezas (2 Coríntios 12:9). Ele capacita aqueles que se dispõem a caminhar em fé.

A oração é a chave para nos tornarmos mulheres fortes em Deus. Ao buscarmos sua presença, recebemos sabedoria, coragem e força para enfrentar os desafios diários e cumprir nosso chamado. Assim como Débora e Jael, somos chamadas a confiar no Senhor, agir com determinação e sermos instrumentos de vitória em nossas famílias e comunidades. Não importa a situação, Deus está ao seu lado, pronto para capacitá-la a vencer.

Oração

Senhor, ajuda-me a ser uma mulher forte e corajosa como Débora e Jael. Capacita-me a confiar em ti e a agir com sabedoria e fé. Usa minha vida para cumprir teus propósitos e trazer vitória em todas as áreas. Em nome de Jesus, amém.

Desafio prático

Leia Juízes 4 e reflita sobre a força e a coragem de Débora e Jael. Depois, ore pedindo que Deus mostre como você pode ser uma mulher de influência e força em sua família, igreja ou comunidade.

Dia 31

Clamor por avivamento pessoal e comunitário

Se o meu povo, que se chama pelo meu nome, se humilhar e orar, buscar a minha face e se afastar dos seus maus caminhos, dos céus o ouvirei, perdoarei o seu pecado e curarei a sua terra.

2 Crônicas 7:14

O desejo por avivamento começa em um coração sedento por mais presença de Deus. Muitas vezes, oramos por mudanças em nossa comunidade, igreja ou até mesmo na sociedade, mas esquecemos que o avivamento começa em nós. Em 2 Crônicas 7:14, Deus diz: "Se o meu povo, que se chama pelo meu nome, se humilhar e orar, buscar a minha face e se afastar dos seus maus caminhos, dos céus o ouvirei, perdoarei o seu pecado e curarei a sua terra". Esse versículo nos lembra de que o avivamento é fruto da oração fervorosa e da verdadeira rendição a Deus.

Avivamento não é apenas emoção momentânea; é uma transformação profunda que nos leva a viver de forma mais intensa para Cristo. Começa quando nos humilhamos diante do Senhor, reconhecendo nossas fraquezas e dependência dele. A oração é o canal pelo qual nos conectamos ao coração de Deus, pedindo que ele renove nossa fé, inflame nosso amor por ele e nos capacite a viver como luz em meio às trevas.

Quando experimentamos um avivamento pessoal, sua chama se espalha para aqueles ao nosso redor. O poder de Deus começa a agir em nossas famílias, igrejas e comunidades, trazendo arrependimento, restauração e unidade. Por isso, somos chamadas a clamar incessantemente, pedindo que o Senhor derrame seu Espírito sobre nós e reacenda nosso primeiro amor por ele. Confie que Deus deseja realizar grandes coisas em sua vida e através de você.

Oração

Senhor, desperta meu coração para te buscar com fervor. Traz avivamento à minha vida e à minha comunidade. Enche-nos com teu Espírito Santo e transforma tudo ao nosso redor para tua glória. Em nome de Jesus, amém.

Desafio prático

Separe quinze minutos do seu dia para orar por avivamento em sua vida, família e igreja. Peça ao Senhor que acenda em você uma paixão renovada pela presença dele e leve essa chama a outros ao seu redor.

Dia 32

Orando pela restauração de relacionamentos quebrados

Sejam bondosos e compassivos uns para
com os outros, perdoando-se mutuamente,
assim como Deus os perdoou em Cristo.

Efésios 4:32

Relacionamentos quebrados são fontes de dor, mas também de aprendizado e crescimento. A Bíblia nos chama a buscar reconciliação, lembrando-nos em Efésios 4:32: "Sejam bondosos e compassivos uns para com os outros, perdoando-se mutuamente, assim como Deus os perdoou em Cristo". A restauração de relacionamentos exige humildade, paciência e, acima de tudo, oração. É por meio da oração que entregamos ao Senhor as mágoas, buscamos direção e pedimos força para tomar iniciativas de reconciliação.

Conflitos são inevitáveis, mas Deus nos convida a lidar com eles de forma que glorifique seu nome. Isso não significa ignorar os problemas, mas enfrentá-los com amor e sabedoria. A oração nos ajuda a liberar o perdão e a entender a perspectiva do outro, permitindo que o Espírito Santo trabalhe tanto em nosso coração quanto no coração da outra pessoa. Além disso, a restauração requer disposição para recomeçar, mesmo quando o caminho é desafiador.

Jesus nos deu o exemplo supremo de reconciliação ao restaurar nosso relacionamento com Deus através da cruz. Assim como ele nos perdoou, somos chamadas a perdoar e a buscar paz com aqueles ao nosso redor. A restauração não depende apenas de nossas forças, mas do poder transformador de Deus, que pode curar até os laços mais danificados. Confie que, quando você coloca seus relacionamentos nas mãos do Senhor, ele trará cura e renovação.

Oração

Pai, entrego a ti todos os relacionamentos que precisam de restauração em minha vida. Trabalha em meu coração e no coração daqueles com quem tive conflitos. Dá-me sabedoria e amor para buscar a reconciliação. Em nome de Jesus, amém.

Desafio prático

Identifique um relacionamento em sua vida que precisa ser restaurado. Ore pedindo direção de Deus e tome uma atitude concreta, como uma ligação, uma mensagem ou um convite para conversar, buscando a paz e o recomeço.

Dia 33

Orando em meio ao luto e à dor

O Senhor está perto dos que têm o coração quebrantado e salva os de espírito abatido.

Salmo 34:18

O luto e a dor são momentos em que o coração parece esmagado pelo peso da perda. Nessas horas, é comum questionar, sentir-se vazio ou até distante de Deus. No entanto, o salmo 34:18 nos assegura: "O Senhor está perto dos que têm o coração quebrantado e salva os de espírito abatido". Essa promessa nos lembra de que Deus não nos abandona em nossas dores; ele está ao nosso lado, sustentando-nos com sua presença amorosa.

O luto é um processo e, ao longo dele, a oração se torna um refúgio seguro. Ao derramarmos nossas lágrimas diante do Senhor, somos consoladas e fortalecidas. Ele entende cada emoção, pois, como Cristo, experimentou a dor da perda. Quando buscamos a presença de Deus em meio ao sofrimento, encontramos esperança e renovação. A dor pode nos parecer insuportável, mas Deus é especialista em transformar lágrimas em sementes de um novo começo.

Jesus nos prometeu consolo ao dizer: "Bem-aventurados os que choram, pois serão consolados" (Mateus 5:4). Ele é o pastor que cuida de nós, mesmo quando atravessamos o vale da sombra da morte. Por mais que a dor persista, lembre-se de que ela não define o final da história. Deus é aquele que restaura, cura e nos dá forças para seguir em frente. Entregue seu coração ao Senhor e permita que ele traga consolo e paz.

Oração

Senhor, em meio à dor do luto, busco tua presença para encontrar consolo. Sustenta-me com teu amor e renova minha esperança. Ensina-me a confiar em ti, mesmo quando meu coração está abatido. Em nome de Jesus, amém.

Desafio prático

Reserve um momento para escrever uma oração de gratidão, lembrando-se das bênçãos que Deus já trouxe em sua vida, mesmo em meio à dor. Peça ao Senhor que transforme o luto em força para continuar vivendo com esperança.

Dia 34

Oração por um espírito manso e tranquilo

Ao contrário, esteja no ser interior, que não perece, beleza demonstrada num espírito dócil e tranqüilo, o que é de grande valor para Deus.

1 Pedro 3:4

Vivemos em um mundo que valoriza a força exterior, mas Deus nos chama a cultivar uma força interior que reflete mansidão e tranquilidade. Em 1 Pedro 3:4, encontramos: "Seja o seu interior a beleza de um espírito manso e tranquilo, que é de grande valor para Deus". A mansidão não é fraqueza, mas uma demonstração de autocontrole e confiança no Senhor. Um espírito tranquilo é resultado de uma vida que encontra paz em Deus, mesmo em meio às tempestades.

A oração é essencial para cultivar essa característica. É na presença de Deus que somos transformadas e capacitadas a lidar com desafios e provocações sem perder a serenidade. A mansidão nos ajuda a responder com amor e sabedoria em vez de reagir impulsivamente. Isso impacta nossos relacionamentos e nos torna exemplos do amor de Cristo.

Jesus, o maior exemplo de mansidão, nos convida a aprender com ele: "Tomem sobre vocês o meu jugo e aprendam de mim, pois sou manso e humilde de coração" (Mateus 11:29). Quando buscamos viver com um espírito manso, refletimos o caráter de Cristo e trazemos paz para onde quer que vamos. Esse espírito é poderoso, pois transforma ambientes e corações, mostrando a grandeza de Deus em nossas vidas.

Por mais desafiador que seja, confiar no Senhor e buscar um coração manso e tranquilo é um caminho de paz e crescimento espiritual. Que sua vida seja uma demonstração desse valor precioso diante de Deus.

Oração

Senhor, ajuda-me a cultivar um espírito manso e tranquilo, confiando plenamente em ti. Molda meu coração para que eu reflita o teu amor em todas as minhas ações e palavras. Em nome de Jesus, amém.

Desafio prático

Durante a próxima semana, escolha reagir com mansidão diante de situações que normalmente a irritariam. Antes de responder, faça uma breve oração pedindo sabedoria e controle. Observe como isso transforma seu ambiente e suas relações.

Dia 35

Orando por mulheres líderes e mentoras espirituais

Semelhantemente, ensine as mulheres mais velhas a serem reverentes na sua maneira de viver, a não serem caluniadoras nem escravizadas a muito vinho, mas a serem capazes de ensinar o que é bom. Assim, poderão orientar as mulheres mais jovens a amarem seus maridos e seus filhos, a serem prudentes e puras, a estarem ocupadas em casa, e a serem bondosas e sujeitas a seus maridos, a fim de que a palavra de Deus não seja difamada.

Tito 2:3-5

Em todas as épocas, Deus levantou mulheres para liderar e influenciar espiritualmente outras pessoas. Desde Débora, que liderou Israel com sabedoria, até Priscila, que ensinou sobre Cristo com clareza, as Escrituras mostram que as mulheres têm um papel vital na edificação da Igreja e na transformação de vidas. Tito 2:3-5 nos encoraja: "As mulheres mais velhas ensinem as mais jovens a amarem seus maridos e filhos, a serem prudentes e puras, e a cuidarem bem de seus lares". Essa passagem nos lembra da importância de líderes e mentoras espirituais que guiem com amor e sabedoria.

Orar por mulheres líderes é um ato de intercessão essencial. Elas enfrentam desafios únicos, desde a responsabilidade de ensinar até a pressão de equilibrar múltiplos papéis. A oração as fortalece, trazendo clareza e renovação para que possam cumprir seu chamado com excelência. Além disso, muitas vezes Deus nos chama a sermos mentoras em nossas esferas de influência, impactando outras mulheres com nossa caminhada de fé.

A liderança espiritual é um chamado que exige humildade e dependência do Senhor. Quando buscamos a direção de Deus, ele nos capacita a ser exemplo de vida, fé e amor. Seja você uma líder, uma mentora ou alguém que aprende com outras mulheres, lembre-se de que Deus deseja usar cada mulher para cumprir seu propósito. Ele dá sabedoria, coragem e graça para que todas possam brilhar como luz em suas comunidades.

Oração

Senhor, levanta mulheres líderes e mentoras espirituais cheias de sabedoria e amor. Fortalece-as em seu chamado e guia seus passos para que sejam instrumentos da tua vontade. Usa minha vida para inspirar e edificar outras mulheres. Em nome de Jesus, amém.

Desafio prático

Ore por uma líder ou mentora que tem influenciado sua vida. Envie uma mensagem de encorajamento, expressando sua gratidão por sua influência, e peça que Deus continue fortalecendo seu ministério.

Dia 36

Oração de confiança em tempos de mudança

Por isso não tema, pois estou com você; não tenha medo, pois sou o seu Deus. Eu o fortalecerei e o ajudarei; eu o segurarei com a minha mão direita vitoriosa.

Isaías 41:10

Mudanças podem ser desafiadoras, trazendo consigo incertezas e medos. Seja uma nova etapa na vida pessoal, profissional ou espiritual, elas nos tiram da zona de conforto e nos fazem questionar o que está por vir. Mas em Isaías 41:10, Deus nos conforta: "Por isso não tema, pois estou com você; não tenha medo, pois sou o seu Deus. Eu o fortalecerei e o ajudarei; eu o segurarei com a minha mão direita vitoriosa". Essa promessa nos lembra que, em meio às transições, o Senhor permanece constante e fiel.

Confiar em Deus durante tempos de mudança é essencial. Ele conhece o início, o meio e o fim de cada jornada e nunca nos deixa sozinhas. A oração nos ajuda a alinhar nossos corações com a vontade de Deus, trazendo paz e segurança mesmo quando não entendemos tudo. As mudanças que enfrentamos são oportunidades de crescimento e dependência maior do Senhor.

A Bíblia está cheia de exemplos de pessoas que enfrentaram grandes transições e confiaram em Deus. Abraão partiu para uma terra desconhecida, guiado pela promessa de Deus; José enfrentou mudanças bruscas, desde a escravidão até se tornar governador do Egito. Em todas essas histórias, vemos que a fidelidade de Deus nunca falhou. Da mesma forma, ele guiará você em cada passo, fortalecendo sua fé e moldando seu caráter.

Se você está passando por uma mudança, entregue suas ansiedades ao Senhor. Ele é sua rocha e estará ao seu lado em cada momento, tornando as transições mais suaves e cheias de propósito.

Oração

Senhor, em tempos de mudança, ajuda-me a confiar em tua direção. Dá-me paz para aceitar o que não entendo e força para seguir em frente, sabendo que tu estás comigo. Guia cada passo da minha jornada. Em nome de Jesus, amém.

Desafio prático

Liste as mudanças que você está enfrentando e ore sobre cada uma delas. Depois, escreva um versículo que fale sobre confiança e coloque-o em um local visível para lembrar-se de que Deus está guiando você em cada transição.

Dia 37

Intercedendo pelas mulheres em situação de vulnerabilidade

Erga a voz em favor dos que não podem defender-se, seja o defensor de todos os desamparados.
Erga a voz e julgue com justiça; defenda os direitos dos pobres e dos necessitados.

Provérbios 31:8-9

Todos os dias, milhares de mulheres enfrentam situações de vulnerabilidade, como pobreza, violência, exploração e abandono. Elas carregam fardos pesados e muitas vezes lutam em silêncio. Provérbios 31:8-9 nos lembra de nossa responsabilidade: "Erga a voz em favor dos que não podem defender-se, seja o defensor de todos os desamparados. Erga a voz e julgue com justiça; defenda os direitos dos pobres e necessitados". Deus nos chama a ser intercessoras e defensoras dessas mulheres, usando nossa voz e nossas orações para clamar por justiça e restauração.

A oração é uma arma poderosa que atravessa barreiras e alcança até os lugares mais sombrios. Quando oramos pelas mulheres em vulnerabilidade, pedimos que Deus traga proteção, cura e novas oportunidades para suas vidas. Também clamamos por líderes justos que lutem por políticas que promovam dignidade e igualdade. A oração nos move a agir, seja apoiando causas, oferecendo ajuda prática ou simplesmente ouvindo quem precisa de conforto.

Jesus, em seu ministério, demonstrou compaixão pelas mulheres marginalizadas, mostrando que cada vida tem valor infinito. Ele as restaurou, deu-lhes voz e mostrou que, em Deus, há esperança e renovo. Ao intercedermos por essas mulheres, declaramos que elas não estão sozinhas e que o Senhor é o seu refúgio. Lembre-se: seu clamor pode ser o início de uma grande transformação na vida de alguém.

Oração

Pai, coloco diante de ti todas as mulheres que vivem em situações de vulnerabilidade. Protege-as, fortalece-as e restaura suas vidas. Usa-me para ser uma voz de esperança e justiça. Em nome de Jesus, amém.

Desafio prático

Pesquise uma organização que apoia mulheres em situação de vulnerabilidade e encontre uma forma de contribuir, seja orando, doando ou voluntariando-se. Compartilhe com outras pessoas para ampliar o impacto dessa causa.

Dia 38

Orando para ser luz em um mundo escuro

[...] Assim brilhe a luz de vocês diante dos homens, para que vejam as suas boas obras e glorifiquem ao Pai de vocês, que está nos céus.

Mateus 5:14-16

Jesus nos chamou para ser luz em um mundo marcado por escuridão, medo e desesperança. Em Mateus 5:14-16, ele nos diz: "Vocês são a luz do mundo. Não se pode esconder uma cidade construída sobre um monte. Assim brilhe a luz de vocês diante dos homens, para que vejam as suas boas obras e glorifiquem ao Pai de vocês, que está nos céus". Esse chamado nos lembra de que, como mulheres de Deus, somos portadoras de esperança, amor e verdade em ambientes que muitas vezes carecem de direção e conforto.

Ser luz não significa ter todas as respostas ou nunca enfrentar dificuldades, mas sim refletir a presença de Deus em cada atitude e palavra. A oração é o que nos conecta à verdadeira fonte de luz, capacitando-nos a brilhar mesmo nos momentos mais desafiadores. Por meio da comunhão com Deus, encontramos força e direção para sermos testemunhas do seu amor, seja em casa, no trabalho ou na comunidade.

Lembre-se de que a luz tem o poder de dissipar as trevas. Pequenos gestos, como ouvir alguém, oferecer uma palavra de encorajamento ou mostrar empatia, podem impactar profundamente aqueles ao seu redor. Deus deseja usar sua vida para tocar outras pessoas, mostrando-lhes que há esperança e propósito. Permita que sua luz brilhe, não para sua própria glória, mas para que o nome de Deus seja exaltado.

Mesmo quando o mundo parecer sombrio, confie que a luz de Cristo em você nunca se apagará. Ele a capacita a ser um farol, guiando outros para a segurança e a paz que só ele pode oferecer.

Oração

Senhor, ajuda-me a ser luz em todos os lugares que eu estiver. Capacita-me a refletir teu amor e tua verdade, trazendo esperança àqueles que me cercam. Que minha vida glorifique teu nome. Em nome de Jesus, amém.

Desafio prático

Identifique uma pessoa que está passando por um momento difícil e ofereça sua ajuda ou apoio. Ore por essa pessoa e compartilhe com ela um versículo que traga esperança e encorajamento.

Dia 39

Oração por contentamento

Não estou dizendo isso porque esteja necessitado, pois aprendi a adaptar-me a toda e qualquer circunstância. Sei o que é passar necessidade e sei o que é ter fartura. Aprendi o segredo de viver contente em toda e qualquer situação, seja bem alimentado, seja com fome, tendo muito, ou passando necessidade.

Filipenses 4:11-12

Vivemos em uma sociedade que constantemente nos incentiva a buscar mais — mais bens, mais realizações, mais reconhecimento. Isso muitas vezes nos leva a sentimentos de insatisfação e comparação. Porém, em Filipenses 4:11-12, o apóstolo Paulo nos ensina o segredo do contentamento: "Aprendi a adaptar-me a toda e qualquer circunstância. Sei o que é passar necessidade e sei o que é ter fartura; aprendi o segredo de viver contente em toda e qualquer situação". Essa lição nos mostra que o verdadeiro contentamento não está nas circunstâncias, mas em confiar plenamente em Deus e em sua provisão.

O contentamento não é conformismo, mas uma atitude de gratidão e dependência do Senhor. Quando aprendemos a agradecer pelo que temos, experimentamos paz e alegria que transcendem a lógica humana. A oração nos ajuda a alinhar nosso coração com o de Deus, transformando a insatisfação em gratidão e as preocupações em descanso.

Lembre-se de que o contentamento é fruto de uma vida centrada em Cristo. Ele é suficiente para suprir todas as nossas necessidades, tanto materiais quanto emocionais e espirituais. Quando colocamos nossa confiança no Senhor, somos libertas da pressão de buscar a aprovação do mundo, vivendo com leveza e propósito.

Seja qual for a fase que você está vivendo, saiba que Deus está ao seu lado, sustentando-a e suprindo tudo o que você precisa. Escolha confiar em sua fidelidade e permita que ele molde seu coração para viver uma vida de gratidão e contentamento.

Oração

Pai, ajuda-me a ser grata em todas as circunstâncias, confiando que tu sempre provês o que é necessário. Ensina-me a viver com contentamento e a desfrutar da tua paz. Em nome de Jesus, amém.

Desafio prático

Tire um momento para escrever uma lista de coisas pelas quais você é grata, incluindo pequenos detalhes do dia a dia. Sempre que sentir insatisfação, releia essa lista e agradeça a Deus por suas bênçãos.

Dia 40

A mulher que persevera em oração transforma o mundo

Portanto, confessem os seus pecados uns aos outros
e orem uns pelos outros para serem curados.
A oração de um justo é poderosa e eficaz.

Tiago 5:16

A oração é uma das ferramentas mais poderosas que Deus colocou em nossas mãos. Tiago 5:16 nos ensina que "a oração de um justo é poderosa e eficaz". Quando uma mulher decide perseverar em oração, algo extraordinário acontece: corações são transformados, situações impossíveis encontram solução, e a presença de Deus se torna evidente em cada detalhe.

Perseverar em oração não é apenas pedir repetidamente, mas manter um coração confiante e submisso ao Senhor, mesmo quando as respostas parecem demorar. A oração nos conecta à vontade de Deus, molda nosso caráter e nos enche de fé para continuar. Exemplos bíblicos, como Ana, que clamou por um filho e viu seu pedido atendido, e Ester, que orou e jejuou pela salvação de seu povo, mostram que a perseverança em oração tem o poder de mudar histórias.

Deus nos chama a ser mulheres que intercedem sem cessar, acreditando que ele pode fazer infinitamente mais do que pedimos ou pensamos (Efésios 3:20). Às vezes, a jornada pode ser desafiadora, mas é na oração que encontramos força, consolo e direção. Quando você ora, não está apenas trazendo seus pedidos diante de Deus, mas também permitindo que ele a transforme e use para impactar o mundo ao seu redor.

Nunca subestime o poder de uma mulher que persevera em oração. Deus ouve cada clamor, vê cada lágrima e age no tempo certo. Continue orando com fé, sabendo que ele está operando de forma grandiosa.

Oração

Senhor, ajuda-me a perseverar em oração, mesmo quando os desafios parecem grandes. Fortalece minha fé e usa minha vida para trazer transformação e esperança ao mundo. Confio em teu poder e amor. Em nome de Jesus, amém.

Desafio prático

Escolha uma causa ou situação para a qual deseja orar fervorosamente. Dedique um tempo específico todos os dias para interceder, confiando que Deus está trabalhando mesmo antes de você ver os resultados.

CONCLUSÃO

Chegar ao fim de uma jornada é sempre um momento especial. Esses quarenta dias de devocionais foram mais do que uma leitura; foram um convite para mergulhar na presença de Deus e fortalecer sua vida espiritual. Ao longo dessas páginas, você aprendeu que a oração é uma ponte que conecta o humano ao divino, um ato de fé que nos permite entregar nossos medos, ansiedades e sonhos nas mãos do Criador. Mais do que isso, você foi desafiada a aplicar as verdades bíblicas em situações reais, permitindo que a Palavra de Deus guie seus passos e ilumine seu caminho.

A oração é o fundamento de uma vida cristã frutífera, e perseverar nela é uma marca de quem entende que Deus sempre está ouvindo e agindo, mesmo quando os resultados não são imediatos. Cada devocional foi um lembrete de que você não está sozinha, de que Deus caminha com você em cada desafio, vitória e momento de dúvida. Ele é fiel para cumprir suas promessas e está continuamente moldando sua vida para algo maior e mais significativo.

Agora que esta etapa foi concluída, a pergunta é: o que você fará com tudo o que aprendeu? A jornada de oração não termina aqui; pelo contrário, ela apenas começou. Leve consigo as verdades que tocaram seu coração, continue buscando a Deus com perseverança e compartilhe essa experiência com outras mulheres. Torne-se uma luz em sua família, igreja e comunidade, impactando vidas com o poder da Palavra e da oração. Que este livro continue sendo uma fonte de inspiração e que sua vida reflita o coração de uma mulher que ora, crê e vive para a glória de Deus.